Las Crónicas del Abuelo

Copyrights 2021 - Todos los derechos reservados

No puede reproducir, duplicar ni enviar el contenido de este libro sin el permiso directo por escrito del autor. Por la presente no puede, a pesar de ninguna circunstancia, culpar al editor o responsabilizarlo legalmente de cualquier reparación, compensación o decomiso monetario debido a la información incluida en este documento, ya sea de manera directa o indirecta.

Aviso legal: este libro está protegido por derechos de autor. Puede utilizar el libro para fines personales. No debe vender, usar, alterar, distribuir, citar, tomar extractos o parafrasear en parte el material contenido en este libro sin obtener primero el permiso del autor.

Aviso de exención de responsabilidad: debe tener en cuenta que la información de este documento es solo para lectura casual y con fines de entretenimiento. Hemos hecho todo lo posible por brindar información precisa, actualizada y confiable. No expresamos ni implicamos garantías de ningún tipo. La persona que lee admite que el escritor no está ocupado dando consejos legales, financieros, médicos o de otro tipo. Ponemos el contenido de este libro obteniendo varios lugares.

Consulte a un profesional autorizado antes de probar las técnicas que se muestran en este libro. Al leer este documento, el aficionado a los libros llega a un acuerdo de que bajo ninguna circunstancia el autor es responsable de ningún decomiso, directo o indirecto, en el que pueda incurrir debido al uso del material contenido en este documento, incluidos, entre otros, - errores, omisiones o inexactitudes.

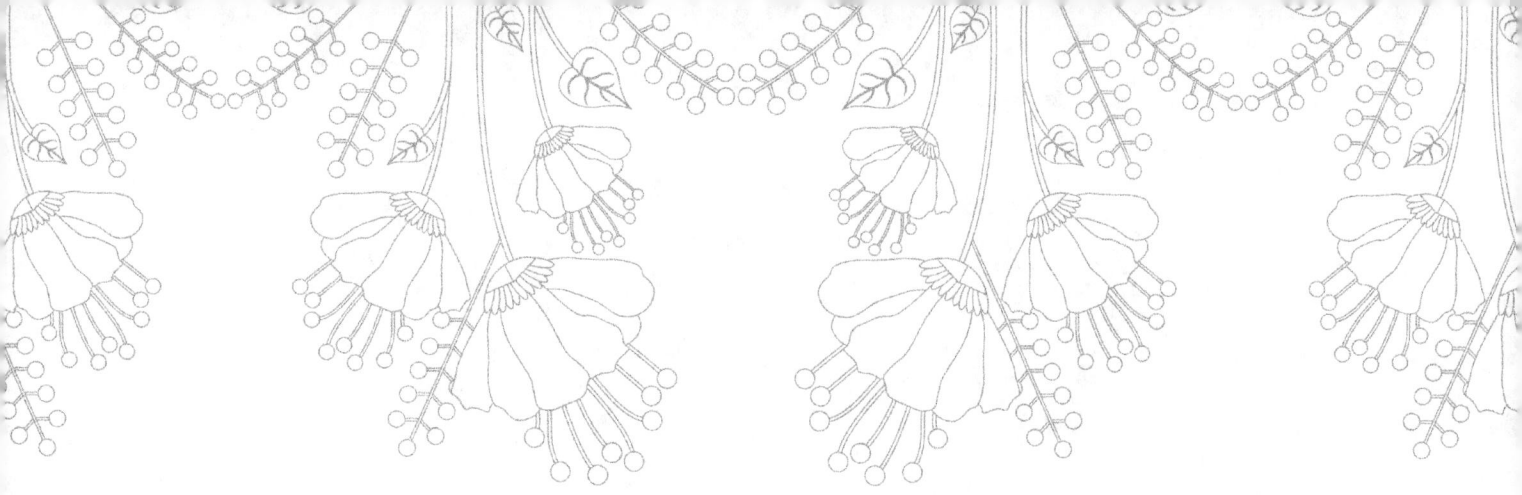

Índice:

Introducción – Una nota de la autora para el abuelo

Capítulo 1 – Mi abuelo y su familia.

Capítulo 2 – Mi abuelo creciendo.

Capítulo 3 – El abuelo se hace adulto.

Capítulo 4 – Sobre los hijos de el abuelo: mis padres, mis tíos y mis tías.

Capítulo 5 – Tradiciones familiares.

Capítulo 6 – Sobre la vida y el vivir.

Introducción
Una nota de la autora para el abuelao

¡No hay nadie como los abuelos! Los abuelos son una mujer y un hombre maravillosos que nos dan golosinas y nos permiten hacer cosas que nuestros padres nunca habrían aceptado. Más allá de las golosinas y los regalos de cumpleaños adicionales, los abuelos ofrecen a las generaciones más jóvenes una gran cantidad de ideas intrigantes, recogidas de décadas de experiencia en la vida real.

Perdí a mis abuelos cuando era niña y me doy cuenta ahora, cuando soy madre, de que hay muchas cosas que me gustaría saber sobre mi familia. Como yo misma tengo hijos y mis padres son ahora abuelos, me he dado cuenta de que es el momento perfecto para registrar los recuerdos de mis padres para sus nietos.

Este diario se ha creado para que todas y cada una de les abuelos -tanto biológicas como no biológicas- capturen y compartan los momentos que han dado forma a su vida. El diario incluye preguntas atractivas de una mente curiosa de nieto, que pretenden guiarte en tu camino para escribir la historia de tu vida.

Una vez completado, este libro será un recuerdo especial de las memorias; será lo que tu familia conozca de ti cuando termine tu viaje. Es tu oportunidad de inspirar a la siguiente generación y a las generaciones venideras con tus experiencias, logros y lecciones de vida.

Aunque todavía no te des cuenta, este diario es la historia de tu familia. Es la historia que te gustaría que tus seres queridos tuvieran y leyeran algún día. Y ese día, todos nos damos cuenta de que los que amamos nunca se van, caminan a nuestro lado... sin ser vistos, sin ser escuchados, pero siempre cerca, todavía amados, todavía extrañados y muy queridos.

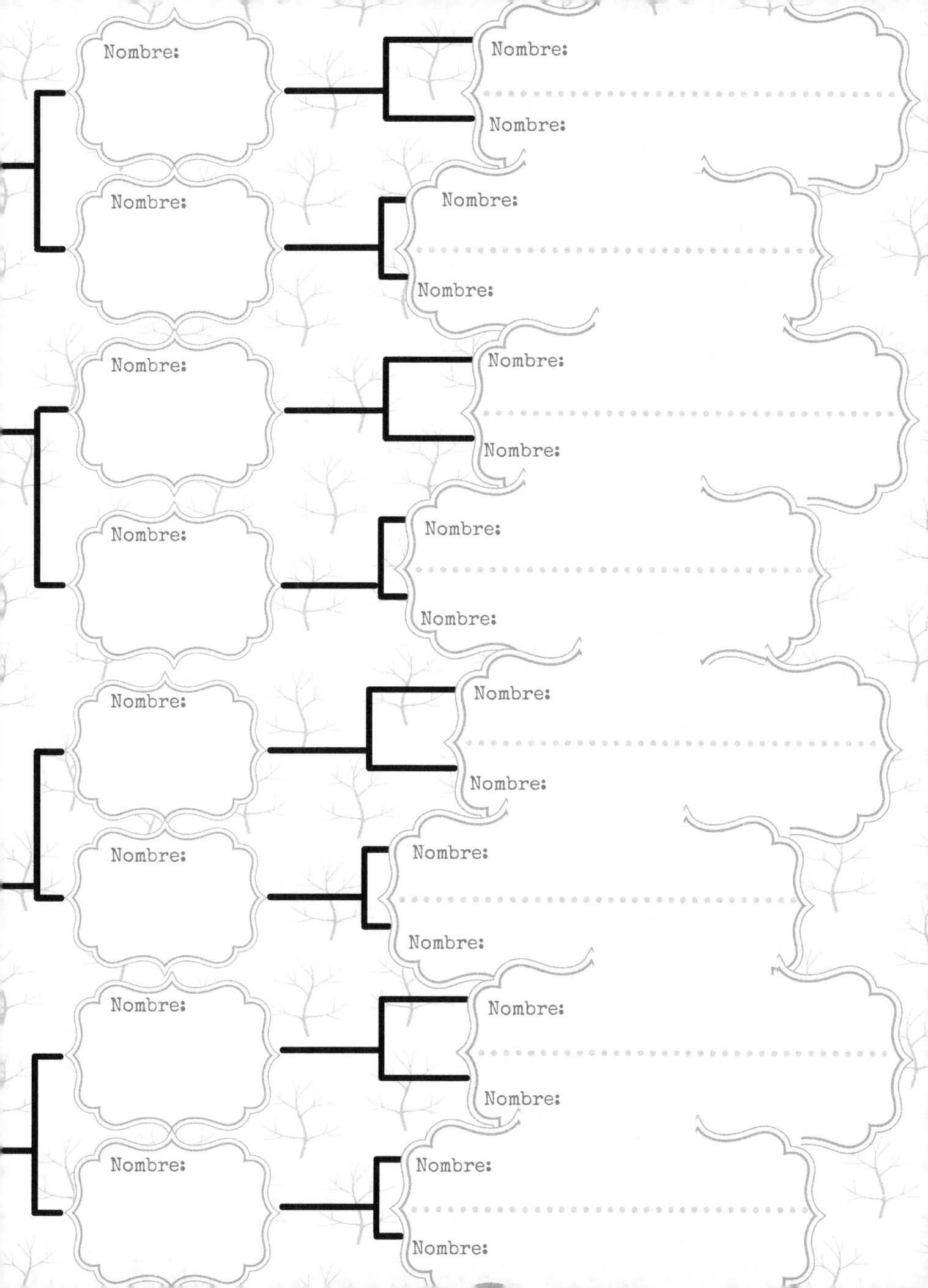

Capítulo 1

Mi abuelo y su familia.

¿Cuándo naciste?

- ¿Cuándo naciste? ¿Naciste en un hospital, en casa o en otro lugar?

- Nombre completo

- Fecha de nacimiento

- Lugar de nacimiento

- Color de ojos

- Color de pelo

- Marcas distintivas

- ¿Te pusieron el nombre de alguien/ de un familiar?

- ¿Tiene tu nombre un significado especial?

- ¿Te gusta o no te gusta tu nombre? ¿Por qué?

- ¿Cómo te llamaba tu madre? ¿Utilizaba nombres diferentes cuando estaba enfadada? ¿Y cuando estaba orgullosa o feliz?

- ¿Tienes algún apodo con el que te hayan llamado tus hermanos o amigos?

- ¿Cómo conseguiste el apodo?

- ¿Si pudieras elegir un nombre diferente, ¿cuál sería? ¿Por qué?

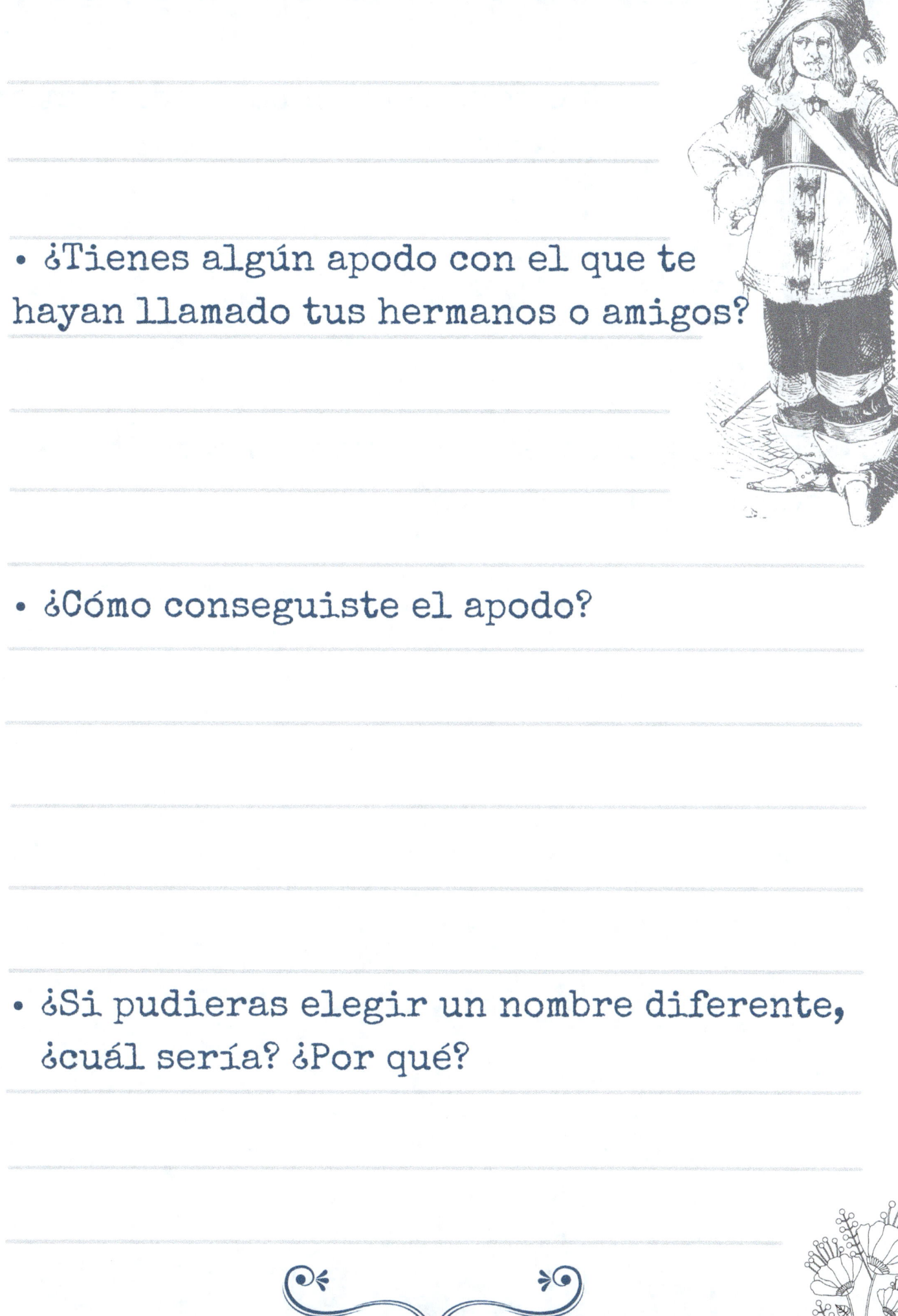

- ¿Qué edad tenían tus padres cuando naciste?

- ¿Hay alguna historia que te hayan contado sobre tu nacimiento?

- ¿Fuiste un bebé sano o hubo problemas de salud? ¿De qué sufrías?

- ¿Cuál es el primer recuerdo que tienes? Cuéntame más.

- ¿Tenías hermanos? ¿Cómo se llaman y qué edad tenían cuando naciste?

- ¿Te peleabas con tus hermanos? ¿Por qué? ¿Qué pasa?

- ¿Qué hacía tu familia para divertirse cuando eras niño?

Abuelo, ¿tienes alguna foto tuya cuando eras bebé?

Pegue una foto aquí, si hay alguna.

Sobre los padres de mi abuelo

- ¿Cómo se llaman tus padres y dónde nacieron? ¿Sabes dónde nació cada uno de ellos?

- ¿Cuántos hijos había en tu familia? ¿Cuáles son sus nombres completos?

- ¿Podrías contarme una historia o un recuerdo especial sobre tus hermanos y hermanas? ¿Qué te gustaba hacer con tus hermanos y hermanas?

- ¿A qué se dedicaban tus padres?

- ¿Cuáles eran las actividades favoritas de tus padres después de jubilarse? ¿Por qué?

- ¿Cómo pasaba tu familia el tiempo juntos cuando eras joven?

- ¿Cuál es la lección más importante que te enseñaron tus padres?

- ¿Qué es lo que más recuerdas de tu madre?

- ¿Cuál es tu recuerdo favorito de tu madre?

- ¿Qué es lo que más recuerdas de tu padre?

_____
_____
_____
_____
_____
_____

- Cuéntame tu recuerdo favorito con tu padre.

_____
_____
_____
_____

Abuelo, ¿tienes alguna
foto de tus padres?

Pegue una foto aquí, si hay
alguna.

Sobre los abuelos de mi abuelo (¡Mis tatarabuelos!)

- ¿Cómo eran tus abuelos?

- ¿Cuál es tu recuerdo favorito de tus abuelos?

- ¿Cómo se ganaban la vida tus abuelos?

- ¿Cuál es tu plato favorito que te preparaba tu abuela?

- ¿Hay algún otro miembro de la familia que recuerdes especialmente?

- ¿Qué les hace destacar en tu mente?

Abuelo, ¿tienes alguna foto de tus abuelos?

Pegue una foto aquí, si hay alguna.

Abuelo, ¿tienes alguna foto de tu familiar favorito?

Pegue una foto aquí, si hay alguna.

Sobre la casa de el abuelo

- ¿Dónde creciste?

- ¿Cómo era tu ciudad natal?

- ¿Cómo era tu barrio?

- ¿Cuáles son tus primeros recuerdos sobre tu primera casa?

- ¿Y de otras casas y lugares en los que viviste?

Abuelao ¿tienes alguna foto de tu casa?

Pegue una foto aquí, si hay alguna.

El abuelo cuando era niño

- ¿Cuál era su juguete o actividad favorita de niño?

- ¿Cuál era tu mascota favorita cuando eras niño?

- ¿Cuál era uno de tus programas favoritos cuando eras niño?

- ¿Qué te gusta ver ahora?

- ¿Cuál es uno de tus recuerdos favoritos de la infancia?

- ¿Qué tipo de tareas hacías de pequeño?

- ¿Sacabas buenas notas?

- ¿Cuál era tu asignatura favorita y quién era tu profesor favorito en la escuela?

- ¿Qué no te gustaba comer?

- ¿Qué tipo de libros te gustaba leer?

- ¿Qué querías ser de mayor?

- ¿Cuál es una de tus actividades favoritas actualmente?

Abuelo, ¿tienes alguna foto tuya cuando eras niño?

Pegue una foto aquí, si hay alguna.

Cuando el abuelo era adolescente

- ¿Cuál era su actividad favorita cuando era adolescente?

- ¿Fue a la escuela; al instituto; a la universidad o a la escuela comercial/técnica?

- ¿Recibías una asignación? ¿Cuánto era y en qué se gastaba el dinero?

- ¿Qué fue lo más rebelde que hiciste cuando eras joven?

- ¿Te metiste alguna vez en problemas cuando eras niño o adolescente? ¿Por qué? Cuéntame más.

- ¿Tenías un toque de queda y a qué hora era? ¿Alguna vez te saltaste el toque de queda? ¿Cuál fue la reacción de tus padres? ¿Te castigaron? ¿Cómo?

- ¿Qué hacían tus amigos para divertirse cuando eras joven?

- ¿Tenías un mejor amigo? ¿Cómo se llamaba y qué recuerdas que hacíais la mayor parte del tiempo que estabais juntos?

- Cuando eras joven, ¿coleccionaste alguna vez algo? ¿Qué pasó con tu colección? ¿Aún la tienes?

- Nombra un recuerdo con tu mejor amigo.

- ¿Recuerdas tu primer beso?

- ¿Quién fue tu primera cita? ¿Recuerdas su nombre? ¿Dónde os conocisteis? Cuéntame más sobre tu primera cita.

Abuelo, ¿tienes alguna foto tuya de adolescente?

Pegue una foto aquí, si hay alguna.

Capítulo 3

El abuelo se hace adulto.

El abuelo por su cuenta

- ¿Cuál es el mejor lugar al que has viajado?

- ¿Cuál es tu ciudad favorita para visitar?

- ¿Tienes algún recuerdo favorito de las vacaciones familiares? ¿Por qué es tu favorito?

- ¿Practicas alguna religión? ¿Qué impacto ha tenido la religión en tu vida?

- ¿Cuál es tu color favorito?

- ¿Cuál es tu plato favorito?

- ¿Cuál es tu libro, película y canción favoritos?

- ¿Cuál es el mejor consejo que te han dado?

Abuelo, ¿tienes alguna foto tuya de joven?

Pegue una foto aquí, si hay alguna.

Los inicios de la carrera de el abuelo

- ¿Has tenido un trabajo de verano?

- ¿Cuál fue tu primer trabajo?

- ¿Cómo te decidiste por una carrera? ¿Qué/quién tuvo un gran papel en la elección de tu carrera?

- ¿Tenías coche? ¿Cuál fue tu primer coche?

- ¿Qué edad tenías entonces y quién te compró el coche?

Abuelo, ¿tienes alguna foto tuya trabajando?

Pegue una foto aquí, si hay alguna.

Amor y matrimonio

- ¿Cómo conociste a la abuela? Háblame de eso.

- ¿Qué es lo que más te gusta de la abuela?

- ¿Cómo fue tu propuesta de matrimonio? ¿Eras un novio romántico?

- ¿Dónde fue tu boda? ¿Quién fue tu dama de honor / madrina / padrino?

- ¿Cuál es el mejor recuerdo que tienes del día de tu boda?

- ¿Te has casado más de una vez? ¿Puedes contarme algo más sobre tus otros matrimonios?

- Si pudieras retroceder en el tiempo, ¿te casarías con la abuela?

- ¿Qué crees que es lo más importante de estar casado?

- Si me casara mañana, ¿cuál es tu consejo/palabra de sabiduría para mí?

Abuelo, ¿tienes alguna foto de tu boda que quieras mostrarme?

Pegue una foto aquí, si hay alguna.

Dónde vivía el abuelo

- ¿Dónde vivíais como recién casados?

- Cuéntame más sobre los lugares en los que vivisteis juntos antes de comprar vuestra primera casa.

- Háblame de tu primera casa (¿tenías hijos, cómo encontraste la casa, cómo la pagaste, qué te gustaba de esa casa?)

- Si pudieras vivir en un lugar diferente, ¿dónde sería?

- Si pudieras haber vivido en una época diferente, ¿cuándo sería?

- Si pudieras viajar al espacio, ¿lo harías?

- ¿Cuál es tu invento tecnológico favorito que se produjo en tu vida?

- ¿Te arrepientes de algo?

- Si tuvieras que volver a empezar tu vida, ¿qué harías de forma diferente?

Abuelo, ¿tienes alguna foto contigo y con la abuela antes de tener hijos?

Pegue una foto aquí, si hay alguna.

Abuelo, ¿tienes alguna
foto con tu casa?

Pegue una foto aquí, si hay
alguna.

Capítulo 4

Sobre los hijos del abuelo

Los hijos del abuelo: mis padres, mis tíos y mis tías

- ¿Cuántos hijos tuvo en total?

- ¿Cuáles son sus nombres, fechas de nacimiento y lugares de nacimiento?

- ¿Por qué le pusieron este nombre a mi madre/padre?

Abuelo, ¿tienes alguna
foto con todos tus hijos?

Pegue una foto aquí, si hay
alguna.

Abuelo, ¿tienes alguna
foto con todos tus hijos?

Pegue una foto aquí, si hay
alguna.

Mi progenitor ha nacido

- Háblame del día en que nació mi progenitor.

- ¿Cuál es uno de tus recuerdos favoritos de ser padre?

- ¿Qué es lo más gratificante de ser padre?

- ¿Cuál es tu recuerdo favorito con mi madre/padre?

Abuelo, ¿tienes alguna foto del día en que nació mi madre/padre?

Pegue una foto aquí, si hay alguna.

Mi progenitor cuando era niño

- Cuéntame una anécdota traviesa sobre mi madre/padre.

- ¿Hay alguna cosa divertida de tus hijos que destaque?

- ¿Tenía mi madre o padre un juguete favorito?

- ¿Qué es lo que hizo mi padre o madre que te hizo sentir orgulloso?

- ¿Qué fue lo que hizo mi padre o madre que te hizo enojar más, y por qué?

- ¿Qué hacías para divertirte cuando mi padre o madre era un niño?

Abuelo, ¿tienes alguna foto de mi padre o madre cuando era niño?

Pegue una foto aquí, si hay alguna.

Sobre la educación de mi progenitor

- ¿Qué querían ser mis padres/madres cuando fueran mayores?

- ¿Eras estricto o indulgente como padre?

- ¿Cuáles eran las normas que tenías en tu casa?

- ¿Cuáles eran las tareas de las que era responsable mi padre o madre?

- ¿Era mi padre o madre bueno haciendo las tareas? ¿Era mi progenitor un niño responsable?

Abuelo ¿tienes alguna foto del día de graduación de mi progenitor?

Pegue una foto aquí, si hay alguna.

Sobre la vida familiar de mi progenitor

- ¿Cuál es la historia familiar más divertida que recuerdas?

- ¿Cómo se conocieron mis padres?

- ¿Cuál fue tu primera impresión cuando conociste a mi otro padre?

- ¿Mi progenitor ha tenido alguna mascota? ¿Cuál fue su primera mascota?

- Si los animales pudieran hablar, ¿qué diría la mascota sobre mi progenitor?

- ¿Cuál fue la decisión más difícil que tuvo que tomar mi progenitor?

Abuelo, ¿tienes alguna foto con mis padres antes de que yo naciera?

Pegue una foto aquí, si hay alguna.

Capítulo 5

Tradiciones familiares

uestras reuniones familiares

- ¿Para qué tipo de eventos se reúne nuestra familia?

- ¿Tienes alguna fiesta preferida? ¿Cuál y por qué?

- ¿Qué es lo que más te gusta de nuestras reuniones familiares?

- ¿Quién llega siempre tarde a las reuniones familiares?

- ¿Hay alguna tradición especial que nuestra familia mantenga cuando se reúne?

Abuelo, ¿tienes alguna foto con nuestra reunión familiar?

Pegue una foto aquí, si hay alguna.

Nuestras recetas familiares

- ¿Cuál es tu receta familiar favorita?

- ¿De quién la has obtenido?

- ¿Cuáles son los mejores platos tradicionales que cocinas para diferentes eventos como Navidad, Semana Santa, Año Nuevo, etc.?

- ¿Cuál es la receta favorita de mis padres?

Receta para

DE LA COCINA DE

NOMBRE DEL PLATO

INGREDIENTES

SIRVE

TIEMPO DE PREPARACIÓN

TIEMPO TOTAL

TEMPERATURA DEL HORNO

DIRECCIONES

Receta para

NOMBRE DEL PLATO

DIRECCIONES

NOTAS / POSIBLES MEJORAS:

Receta para

DE LA COCINA DE

NOMBRE DEL PLATO

SIRVE

TIEMPO DE PREPARACIÓN

INGREDIENTES

TIEMPO TOTAL

TEMPERATURA DEL HORNO

DIRECCIONES

Receta para

NOMBRE DEL PLATO

DIRECCIONES

NOTAS / POSIBLES MEJORAS:

Receta para

DE LA COCINA DE

NOMBRE DEL PLATO

INGREDIENTES

SIRVE

TIEMPO DE PREPARACIÓN

TIEMPO TOTAL

TEMPERATURA DEL HORNO

DIRECCIONES

Receta para

NOMBRE DEL PLATO

DIRECCIONES

NOTAS / POSIBLES MEJORAS:

Receta para

DE LA COCINA DE

SIRVE

TIEMPO DE PREPARACIÓN

TIEMPO TOTAL

TEMPERATURA DEL HORNO

NOMBRE DEL PLATO

INGREDIENTES

DIRECCIONES

Receta para

NOMBRE DEL PLATO

DIRECCIONES

NOTAS / POSIBLES MEJORAS:

Receta para

NOMBRE DEL PLATO

DE LA COCINA DE

SIRVE

INGREDIENTES

TIEMPO DE PREPARACIÓN

TIEMPO TOTAL

TEMPERATURA DEL HORNO

DIRECCIONES

Receta para

NOMBRE DEL PLATO

DIRECCIONES

NOTAS / POSIBLES MEJORAS:

Capítulo 6

Sobre la vida y el vivir.

Acontecimientos históricos en la vida del abuelo

- ¿Cuáles fueron los acontecimientos históricos más memorables que ocurrieron durante su vida?

Abuelo, ¿puedes mostrarme una foto tuya reciente?

Pegue una foto aquí, si hay alguna.

La sabiduría del abuelo

- ¿Por qué estás agradecido?

- ¿Qué te hace feliz?

- ¿Cómo manejas el estrés? ¿Te enfadas con facilidad?

- ¿Queda algo en tu lista de deseos?

- ¿Tienes una edad/etapa favorita en tu vida?

- ¿Hay algún secreto para vivir una vida larga y satisfactoria?

- ¿Qué podrías decirme que me sorprendería saber de ti?

- Si pudieras ser un superhéroe, ¿qué habilidad mágica te gustaría tener para el resto de tu vida?

- ¿Cuál es una regla que harías cumplir a todo el mundo?

- ¿Qué es lo que más te asusta?

- ¿Cuál es tu sueño para tus hijos y nietos?

- ¿Cuál es la mayor diferencia entre crecer hoy y cuando eras niño?

- ¿Qué es lo que más te gusta de ser abuelo?

- ¿Cuál es uno de tus recuerdos favoritos de ser abuelo?

Abuelo ¿tienes alguna foto con tus nietos?

Pegue una foto aquí, si hay alguna.

Rasgos familiares que el abuelo ve en mí

- ¿Qué rasgos familiares ves en mí?

Los deseos del abuelo para mí

continuará...

www.ingramcontent.com/pod-product-compliance
Lightning Source LLC
Chambersburg PA
CBHW080459240426
43673CB00005B/240